HISTORIETAS JUVENILES: MITOLOGÍAS™

# MITOLOGÍA MESOAMERICANA

## Quetzalcóatl

**Tom Daning**

Traducción al español:
José María Obregón

**PowerKiDS** press™ & **Editorial Buenas Letras**™ New York

Published in 2009 by The Rosen Publishing Group, Inc.
29 East 21st Street, New York, NY 10010

First Edition
Editor: Julia Wong
Spanish Edition Editor: Mauricio Velázquez de León
Book Design: Greg Tucker
Illustrations: Q2A

Library of Congress Cataloging-in-Publication Data

Daning, Tom.
  [Mesoamerican mythology. Spanish]
  Mitologia mesoamericana : Quetzalcóatl / Tom Daning ; traducción al español, José María Obregón. – 1st ed.
      p. cm. – (Historietas juveniles. Mitologías)
  Includes index.
  ISBN 978-1-4358-8569-1 (library binding) – ISBN 978-1-4358-3332-6 (pbk.
  ISBN 978-1-4358-3333-3 (6-pack)
  1.  Quetzalcoatl (Aztec deity)–Juvenile literature.  2.  Aztec mythology–Juvenile literature.
I. Obregón, José María, 1963- II. Title.
  F1219.76.R45D3618 2010
  299.7'845202113–dc22
                                            2008055415

Manufactured in the United States of America

# CONTENIDO

# PERSONAJES PRINCIPALES

**Quetzalcóatl** *fue uno de los dioses que creó el mundo. Quetzalcóatl trabajó para que los dioses y la gente viviera en paz. Quetzalcóatl se podía convertir en una serpiente cubierta de plumas.*

**Tezcatlipoca** *era enemigo de Quetzalcóatl. Era el rey de la noche y de las peleas. Tezcatlipoca tenía un espejo mágico y se podía convertir en un gran gato salvaje.*

**Tlatecuhtli** *era la diosa del mar. Era mitad lagarto y mitad serpiente. Tlatecuhtli comía todos los animales del océano.*

# QUETZALCÓATL

HACE MUCHOS AÑOS, LOS DIOSES DE MESOAMÉRICA VIVÍAN EN UN **PARAÍSO** LLAMADO TALOCAN.

EL DIOS MÁS QUERIDO Y
PODEROSO DE TALOCAN
ERA QUETZALCÓATL.

QUETZALCÓATL ERA MUY RESPETADO
PORQUE HABÍA **UNIDO** A LOS DIOSES.

A QUETZALCÓATL LE LLAMABAN
LA **SERPIENTE** EMPLUMADA.

EN TALOCAN TAMBIÉN VIVÍA EL DIOS TEZCATLIPOCA.

TEZCATLIPOCA TAMBIÉN ERA MUY PODEROSO.

DONDEQUIERA QUE IBA, TEZCATLIPOCA TRAÍA **DISCORDIA**, PELEAS Y GUERRA. CON FRECUENCIA SE **DISFRAZABA** COMO **JAGUAR**.

UN DÍA, QUETZALCÓATL VIO ALGO EN EL OCÉANO DE TALOCAN. QUETZALCÓATL QUEDÓ **HORRIZADO** CON LO QUE VIO.

¡NO! ¡NO OTRA VEZ!

EN EL AGUA ESTABA TLATECUHTLI, EL GRAN **CAIMÁN**.

LA DIOSA TLATECUHTLI DOMINABA EL OCÉANO.
TLATECUHTLI SE COMÍA TODO LO QUE ENCONTRABA.

QUETZALCÓATL HABÍA CREADO PECES, FOCAS Y TORTUGAS QUE VIVÍAN EN EL OCÉANO.

TODO LO QUE CREABA QUETZALCÓATL ERA DESTRUÍDO POR TLATECUHTLI.

TEZCATLIPOCA TAMBIÉN CREABA CRIATURAS PARA EL OCÉANO. PERO NO IMPORTABA CUANTOS TIBURONES O CALAMARES GIGANTES CREABA TEZCATLIPOCA, TLATECUHTLI SE LOS COMÍA TODOS.

LOS DOS DIOSES SE REUNIERON UN DÍA PARA HABLAR DEL PROBLEMA.

TÚ Y YO SOMOS MUY DIFERENTES PERO TENEMOS EL MISMO ENEMIGO.

DEBEMOS TRABAJAR JUNTOS PARA **DERROTAR** A TLATECUHTLI.

SÍ, PERO TENEMOS **PROHIBIDO** MATAR A OTROS DIOSES.

PERO ME TEMO QUE NO TENEMOS OTRA OPCIÓN.

QUETZALCÓATL Y TEZCATLIPOCA DECIDIERON IR A BUSCAR A TLATECUHTLI EN EL OCÉANO. PARA ESO SE CONVIRTIERON EN SERPIENTES GIGANTES.

QUETZALCÓATL USÓ LA CABEZA Y LOS HOMBROS DE TLATECUHTLI PARA CREAR LA TIERRA DE NUESTRO PLANETA.

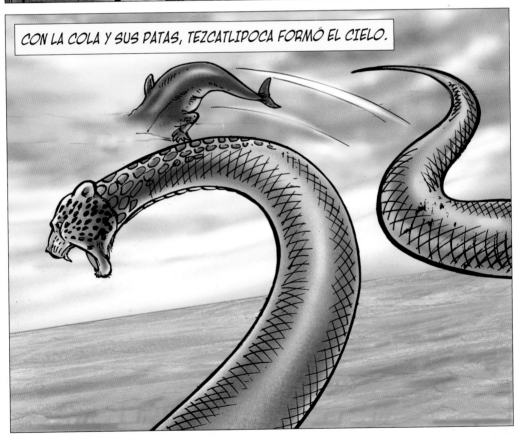

CON LA COLA Y SUS PATAS, TEZCATLIPOCA FORMÓ EL CIELO.

LOS DIOSES COMENZARON SU PROPIO TRABAJO. CON LAS ESCAMAS DEL GRAN CAIMÁN CREARON ÁRBOLES, HIERBAS Y FLORES.

DE SUS OJOS CREARON CUEVAS, CASCADAS Y LAGOS.

CON LA BOCA DEL CAIMÁN CREARON LOS PODEROSOS RÍOS.

CON LOS HOMBROS DE TLATECUHTLI LOS DIOSES CREARON LAS MONTAÑAS. DE SU NARIZ CREARON COLINAS Y VALLES.

LA GENTE VIO LO QUE HICIERON LOS DIOSES Y LES DIO LAS GRACIAS.

QUETZALCÓATL Y TEZCATLIPOCA MIRARON EL PLANETA QUE HABÍAN AYUDADO A CREAR. POR PRIMERA OCASIÓN, QUETZALCÓATL Y TEZCATLIPOCA SE HICIERON AMIGOS.

FIN

# ÁRBOL GENEALÓGICO

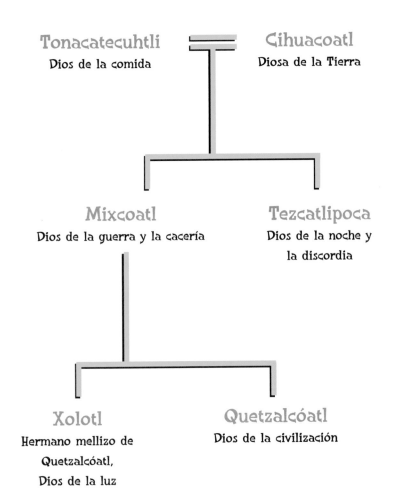

**Tonacatecuhtli**
Dios de la comida

**Cihuacoatl**
Diosa de la Tierra

**Mixcoatl**
Dios de la guerra y la cacería

**Tezcatlipoca**
Dios de la noche y
la discordia

**Xolotl**
Hermano mellizo de
Quetzalcóatl,
Dios de la luz

**Quetzalcóatl**
Dios de la civilización

# GLOSARIO

**caimán** (el) Animal parecido al cocodrilo que vive en Centroamérica y América del Sur.

**castigo** (el) Pena que se le da a una persona que ha cometido un delito o falta.

**derrotar** Ganarle a alguien en un juego o batalla.

**discordia** (la) Pelea por un desacuerdo.

**disfrazarse** Usar un vestuario para ocultar la personalidad real de una persona.

**jaguar** (el) Una de las cuatro especies de los grandes felinos. Viven en Centroamérica y América del Sur y tienen piel con manchas.

**paraíso** (el) Un lugar hermoso.

**prohibido** No permitido.

**serpiente** (la) Una víbora.

**sobrevivir** Mantenerse con vida.

**unidad** (la) Unión.

# ÍNDICE

# PÁGINAS EN INTERNET

Debido a los constantes cambios en los enlaces de Internet, Rosen Publishing Group, Inc. mantiene una lista de sitios en la red relacionados con el tema de este libro. Esta lista se actualiza regularmente y puede ser consultada en el siguiente enlace:

www.powerkidslinks.com/myth/quetzal/